국민건강보험공단

기출동형 모의고사

제1회~제3회

정답 및 해설

SEOWONGAK

(주)서원각

제1회 정답 및 해설

직업기초능력평가

1 ①

공문서는 시행일자 뒤에 수신처에서 문서를 보존할 기간을 기입해야 하지만 행정기관이 아닌 경우에는 기재를 하지 않아도 된다. 참고로 보존기간의 표시로는 영구, 준영구, 10년, 5년, 3년, 1년 등을 사용한다.

2 ④

④ 제주도의 60개 하천은 지방하천이라고 명시되어 있으므로 국토교통부 장관이 아닌, 시·도지사가 그 명칭과 구간을 지정하게 된다.
① 소하천이 아닌 국가하천과 지방하천은 하천법의 적용을 받는다.
② 지방의 공공이해와 밀접한 관계가 있는 하천은 지방하천으로 분류되어 시·도지사가 그 명칭과 구간을 지정하게 된다.
③ 국토보전, 국민경제, 지방의 공공이익 등이 국가하천과 지방하천의 구분 기준이 된다.

3 ②

밑줄 친 ㉠에서 '지다'는 '책임이나 의무를 맡다'라는 의미이다.
① 신세나 은혜를 입다.
③ 무엇을 뒤쪽에 두다.
④ 물건을 짊어서 등에 얹다.

4 ④

④ 허드래는 허드레의 잘못된 표기이므로 허드렛일로 고쳐야 한다.

5 ④

토론의 주제는 찬성과 반대로 뚜렷하게 나뉘어질 수 있는 것이 좋다. 위 토론의 주제는 찬성(전교생을 대상으로 무료급식을 시행해야 한다.)과 반대(전교생을 대상으로 무료급식을 시행해서는 안 된다.)로 분명하게 나뉘어지므로 옳은 주제라 할 수 있다.

6 ④

④ 자극의 특정 대상이나 속성에 대해서만 주의를 기울이고 정보를 처리하는 것이 선택적 지각이다. 가족이 모두 모이는 저녁 시간에 광고를 집중 편성하는 것은 이와 관련이 없다.

7 ②

담배가 인체에 미치는 해악을 보여 주는 광고는 흡연자 입장에서는 거부하고자 하는 자극으로 받아들여지기 때문에 광고를 보지 않으려 한다. 이는 거부해야 할 자극을 선별하는 지각적 방어의 예로 볼 수 있다.

8 ③

① 건강보험공단에서 지원하는 제도이다.
② 임신지원금은 임신 1회당 50만 원이나 다태아 임신 시에는 70만 원이 지급된다.
④ 지원기간은 신청에 관계없이 이용권 수령일로부터 분만예정일+60일까지이다.

9 ②

② 늙지[늘찌] → 늙지[늑찌]

10 ④

㉡ '우리 동아리 회장이 진정으로 뛰어난 리더였다면, 단원들의 의견도 존중해서 자발적으로 동참하도록 만들었을 거야.'라고 말하는 부분에서 알 수 있다.
㉣ '그것은 합창반 반장이 처음부터 합리적으로 계획을 세우지 못했기 때문이야. 좋은 성과를 얻기 위해서는 계획을 잘 세워야 해.'라고 말하는 부분에서 알 수 있다.

11 ②

합창반의 사례를 들어 '좋은 성과를 위해서는 어느 정도의 희생은 불가피하다고 생각한다'는 자신의 주장을 내세우고 있다.

12 ②

ⓐ **품의서(稟議書)** : 어떠한 일의 집행을 시행하기에 앞서 결재권자에게 특정한 사안을 승인해 줄 것을 요청하는 문서이다. 일반적으로 문서번호, 결재란, 품의부서, 협조부서, 처리기간, 문서제목, 품의내용 등으로 구성된다.

ⓑ **단위(單位)** : 길이, 무게, 수효, 시간 따위의 수량을 수치로 나타낼 때 기초가 되는 일정한 기준을 뜻한다.

ⓒ **단가(單價)** : 물건 한 단위(單位)의 가격을 뜻한다.

13 ①

① '취업 전략'이라는 말을 자주 접하다 보면, 이 말에 영향을 받아 '취업(就業)'을 '전쟁(戰爭)'으로 생각하게 된다는 것이다.

'전략(戰略)'이라는 말이, 그 말을 자주 접하는 사람들의 상상력을 그런 방향으로 유도한 것이다.

14 ②

수립(樹立) : 국가나 정부, 제도, 계획 따위를 이룩하여 세움.

적립(積立) : 모아서 쌓아 둠.

확립(確立) : 체계나 견해, 조직 따위가 굳게 섬. 또는 그렇게 함.

15 ④

의사소통은 내가 상대방에게 메시지를 전달하는 과정이 아니라 상대방과의 상호작용을 통해 메시지를 다루는 과정이다. 우리가 남들에게 일방적으로 언어 혹은 문서를 통해 의사를 전달하는 것은 엄격한 의미에서 말하는 것이지 의사소통이라고 할 수 없다. 의사소통이란 다른 이해와 의미를 가지고 있는 사람들이 공통적으로 공유할 수 있는 의미와 이해를 만들어 내기 위해 서로 언어 또는 문서, 그리고 비언어적인 수단을 통해 상호 노력하는 과정이기 때문에 일방적인 말하기가 아니라 의사소통이 되기 위해서는 의사소통의 정확한 목적을 알고, 의견을 나누는 자세가 필요하다.

16 ③

가장 먼저 해야 할 일은 비서실에 연락하여 회의 자료를 받는 일이다.

17 ③

바닷가재 요리를 이미 주문하였으므로 그 비용은 매몰된 상태이고 기회비용에 포함되지 않으므로 음식을 남기거나 억지로 다 먹는다고 하여 달라질 것은 없다 때문에 건강을 생각해서 남기고 그냥 나오는 것이 A의 선택이 된다.

18 ②

① 위의 행동강령은 공단이 운영하는 의료시설 및 장기요양기관에 근무하는 직원을 제외하고, 비정규직 직원을 포함한 국민건강보험공단의 모든 임직원에게 적용된다.

③ 윤리위원회는 위의 행동강령을 운영하는 것과 관련된 주요 사항을 심의·의결한다.

④ 임직원들은 청렴서약서 또는 행동강령준수서약서를 행동강령책임관에게 제출한다.

19 ②

최선(最善) : 가장 좋고 훌륭함, 또는 그런 일, 온 정성과 힘

차선(次善) : 최선의 다음

20 ②

ⓐⓑ 판매모델(물건)은 존대의 대상이 아니다.

ⓒ '주시다'와 '드리다'는 모두 존대의 표현이지만 문제의 상황에서 고객을 높이기 위해서는 '드리다'를 사용해야 한다.

21 ③

$5 \times 3 + 6 = 21$, $6 \times 3 + 7 = 25$를 통해

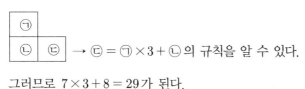 → ⓒ $=$ ⓐ$\times 3 +$ ⓑ의 규칙을 알 수 있다.

그러므로 $7 \times 3 + 8 = 29$가 된다.

22 ④

하루에 A가 하는 일의 양은 $\dfrac{1}{6}$, 하루에 B가 하는 일의 양은 $\dfrac{1}{12}$

B는 처음부터 8일 동안 계속해서 일을 하였으므로 B가 한 일의 양은 $\dfrac{1}{12} \times 8$

(일의 양) $-$ (B가 한 일의 양) $=$ (A가 한 일의 양)

$1 - \dfrac{8}{12} = \dfrac{4}{12}$

A가 일을 하는데 걸린 시간은 $\dfrac{4}{12} \div \dfrac{1}{6} = 2$(일)

작업기간 $-$ A가 일한 기간 $=$ A가 쉬었던 날이므로 $8 - 2 = 6$(일)

23 ④

한 변의 길이를 x라고 하면 $(1 - 0.2)x = 0.8x$, $(1 - 0.5)x = 0.5x$, $(1 - 0.8)x = 0.2x$의 길이를 갖는다. 부피는 가로 $\times$ 세로 $\times$ 높이이므로
$0.8x \times 0.5x \times 0.2x = 0.08x^3$이다. 원래의 x^3인 부피에서 0.92가 줄어들었다. 즉, 92%가 감소하였다.

24 ①

① 피자 2개, 아이스크림 2개, 도넛 1개를 살 경우, 행사 적용에 의해 피자 2개, 아이스크림 3개, 도넛 1개, 콜라 1개를 사는 효과가 있다. 따라서 총 칼로리는 $(600 \times 2) + (350 \times 3) + 250 + 150 = 2,650$kcal이다.

② 돈가스 2개(8,000원), 피자 1개(2,500원), 콜라 1개(500원)의 조합은 예산 10,000원을 초과한다.

③ 아이스크림 2개, 도넛 6개를 살 경우, 행사 적용에 의해 아이스크림 3개, 도넛 6개를 구입하는 효과가 있다. 따라서 총 칼로리는 $(350 \times 3) + (250 \times 6) = 2,550$kcal이다.

④ 돈가스 2개, 도넛 2개를 살 경우, 행사 적용에 의해 돈가스 3개, 도넛 2개를 구입하는 효과가 있다. 따라서 총 칼로리는 $(650 \times 3) + (250 \times 2) = 2,450$kcal이다.

25 ①

ⓐ 한국 $2,015 - 3,232 = -1,217$,
중국 $5,954 - 9,172 = -3,218$,
일본 $2,089 - 4,760 = -2,671$
모두 적자이다.

ⓑ 소비재는 50% 이상 증가하지 않았다.

	원자재	소비재	자본재
2018	2,015	138	3,444
2015	578	117	1,028

ⓒ 자본재 수출경쟁력을 구하면 한국이 일본보다 높다.

한국 $= \dfrac{3,444 - 1,549}{3,444 + 1,549} = 0.38$

일본 $= \dfrac{4,541 - 2,209}{4,541 + 2,209} = 0.34$

26 ②

② 생산가능인구 수가 해마다 증가하고, 고령생산가능인구비중도 증가하고 있으므로 고령생산가능인구 수가 해마다 증가한다는 것을 알 수 있다.

① 실업률은 실업자가 경제활동인구에서 차지하는 비율을 말하는 것이므로, 실업률이 같다고 해도 경제활동인구 수에 따라 실업자 수가 달라진다.

③ 고령자실업률의 경우에는 2012년에는 동일했고, 2013년에는 오히려 감소했다.

④ 경제활동참가율이 경제활동인구/생산가능인구를 나타내므로 고령자경제활동인구/고령생산가능인구는 고령자경제활동참가율을 나타낸다고 볼 수 있다.

27 ④

$0.164 \times 35,951$천 명$=5,895,964$명

28 ②

0.602×36,107천 명=21,736,414명

29 ②

① 맞벌이 부부가 공평하게 가사 분담하는 비율이 부인이 주로 가사 담당하는 비율보다 낮다.

③ 60~64세의 부부 중 비맞벌이가 대부분인지는 알 수 없다.

④ 대체로 부인이 가사를 주도하는 경우가 가장 높은 비율을 차지하고 있다.

30 ④

표에서는 비중만 제시되어 있으므로 ①의 출생아 수와 ③의 여성의 수는 파악할 수 없다.

② 5명 이상을 출산한 여성은 37.4%에 불과하다.

④ 3명 이상 출산 여성은 전체의 34.2%로 22%의 1명 이하 출산 여성보다 많다.

31 ②

ⓒ 65세 이상 대상자 1인당 전체 대상자수는 1999년이 가장 적다.

ⓔ 1995년, 1998년, 2002년은 그렇지 않다.

32 ③

① 300만원×0.0612=183,600, 183,600×0.0655=12,025.8원

② 300만원×0.0306=91,800원

③ 미림이가 희귀난치성질환자라면 장기요양보험료는 12,025.8원×0.7=8418.06, 약 8,400원이다.

④ 300만원×0.0612×0.4=73,440원

33 ②

① 제시된 자료로는 60대 인구가 스트레스 해소로 목욕·사우나를 하는지 알 수 없다.

③ 60대 인구가 여가활동을 건강을 위해 보내는 비중이 2007년에 증가하였고 2008년은 전년과 동일한 비중을 차지하였다.

④ 여가활동을 목욕·사우나로 보내는 비율이 60대 인구의 여가활동 가운데 가장 높다.

34 ①

$$\frac{x}{25만}×100 = 52\%$$

$$x = 13만\ 명$$

35 ③

545×(0.43 + 0.1) = 288.85 → 289건

36 ①

244 × 0.03 = 7.32건 → 7.3건

37 ①

① 20대 이하 인구가 3개월간 1권 이상 구입한 일반 도서량은 2007년과 2009년 전년에 비해 감소했다.

※ 자료 해석에 있어 구별해야 할 용어

ⓐ 대체로/일반적으로 증가(감소)한다

ⓑ 해마다/지속적으로/꾸준히 증가(감소)한다

ⓒ 증감이 반복된다/경향성을 예측할 수 없다

ⓓ 자료를 통하여 판단하기 어렵다/알 수 없다

38 ③

③ 242÷302×100=80.13

① 215÷271×100=79.33

② 57÷295×100=19.32

④ 2015년에는 전체교통비가 감소했다.

39 ④

가구 월평균 소비지출 중 교통비가 차지하는 비율이 교통비 지출율이므로 이를 이용해서 2015년 가구 월평균 소비지출을 구할 수 있다.

2015년 가구 월평균 소비지출 = $\frac{322,000}{0.125}$ = 2,576,000원

40 ③

노후를 부모 스스로 해결해야 한다는 응답률의 감소폭

ⓐ 남자 : 2.1(= 9.2 - 7.1)%포인트

ⓑ 여자 : 1.6(= 10.0 - 8.4)%포인트

41 ④

고객은 많은 문제를 풀어보기를 원하므로 우선적으로 예상문제의 수가 많은 것을 찾아야 한다.

42 ③

고객의 요구인 20,000원 가격선과 예상문제의 수가 많은 도서는 문제완성이 된다.

43 ②

먼저 아래 표를 항목별로 가중치를 부여하여 계산하면,

구분	1/4 분기	2/4 분기	3/4 분기	4/4 분기
유용성	$8 \times \frac{4}{10} = 3.2$	$8 \times \frac{4}{10} = 3.2$	$10 \times \frac{4}{10} = 4.0$	$8 \times \frac{4}{10} = 3.2$
안전성	$8 \times \frac{4}{10} = 3.2$	$6 \times \frac{4}{10} = 2.4$	$8 \times \frac{4}{10} = 3.2$	$8 \times \frac{4}{10} = 3.2$
서비스 만족도	$6 \times \frac{2}{10} = 1.2$	$8 \times \frac{2}{10} = 1.6$	$10 \times \frac{2}{10} = 2.0$	$8 \times \frac{2}{10} = 1.6$
합계	7.6	7.2	9.2	8
성과평가 등급	C	C	A	B
성과급 지급액	80만 원	80만 원	110만 원	90만 원

성과평가 등급이 A이면 직전분기 차감액의 50%를 가산하여 지급한다고 하였으므로, 3/4분기의 성과급은 직전분기 차감액 20만 원의 50%인 10만 원을 가산하여 지급한다.

∴ $80 + 80 + 110 + 90 = 360$(만 원)

44 ④

시간 = $\frac{거리}{속도}$ 공식을 이용하여, 먼저 각 경로에서 걸리는 시간을 구한다.

구간	경로	시간			
		출근 시간대		기타 시간대	
A→B	경로 1	$\frac{30}{30} = 1.0$	1시간	$\frac{30}{45} ≒ 0.67$	약 40분
	경로 2	$\frac{30}{60} = 0.5$	30분	$\frac{30}{90} ≒ 0.33$	약 20분
B→C	경로 3	$\frac{40}{40} = 1.0$	1시간	$\frac{40}{60} ≒ 0.67$	약 40분
	경로 4	$\frac{40}{80} = 0.5$	30분	$\frac{40}{120} ≒ 0.33$	약 20분

④ 경로 2와 3을 이용하는 경우와 경로 1과 경로 4를 이용하는 경우 C지점에 도착하는 시각은 1시간 20분으로 동일하다.

① C지점에 가장 빨리 도착하는 방법은 경로 2와 경로 4를 이용하는 경우이므로, 가장 빨리 도착하는 시각은 1시간이 걸려서 오전 9시가 된다.

② C지점에 가장 늦게 도착하는 방법은 경로 1과 경로 3을 이용하는 경우이므로, 가장 늦게 도착하는 시각은 1시간 40분이 걸려서 오전 9시 40분이 된다.

③ B지점에 가장 빨리 도착하는 방법은 경로 2이므로, 가장 빨리 도착하는 시각은 30분이 걸려서 오전 8시 30분이 된다.

45 ④

보증료 = 보증금액 × 최종 적용 보증료율 × $\frac{보증기간}{365}$

보증금액은 150억 원

최종 적용 보증료율은 CCRS 기준 K6등급이므로 1.2%의 보증료율, 보증비율 미충족이므로 가산요율 0.2%p, 물가안정 모범업소로 지정받았으므로 차감요율 0.2%p를 모두 합하여 계산하면 150억 원 × (1.2% + 0.2% - 0.2%) × $\frac{73}{365}$ = 3,600만 원이 된다.

46 ②

금융 관련 긴급 상황 발생 행동요령을 참고하여 신용카드를 분실했을 경우 가장 먼저 카드회사 고객센터에 분실신고를 한다.

47 ③

대출사기를 당한 경우 경찰서나 금융감독원에 전화로 신고하거나 금융감독원 홈페이지 참여마당을 통해 신고한다.

48 ①

실수로 다른 사람 계좌에 잘못 송금한 경우 전화로 잘못 송금한 사실을 알린 후 거래은행에 방문하여 착오입금반환서를 신청한다.

49 ③

(개)(나) 첨단 소재를 활용한 고기능성 제품 및 소비자의 다양한 기호 변화에 따라 다품종 소량생산 체제를 갖추는 것이 필요하다.

(다) 1인 가구 증가에 따른 소포장 제품을 개발하여야 한다.

50 ③

가장 확실한 조건(B는 204호, F는 203호)을 바탕으로 조건들을 채워나가면 다음과 같다.

a라인	201	202	203	204	205
	H	A	F	B	빈 방
복도					
b라인	210	209	208	207	206
	G	C	빈 방	E	D

∴ D의 방은 206호이다.

51 ①

C가 4번째 정거장이므로 표를 완성하면 다음과 같다.

순서	1	2	3	4	5	6
정거장	D	F	E	C	A	B

따라서 E 바로 전의 정거장은 F이다.

52 ④

새로운 판매 촉진 활동의 강화와 유통 경로를 변경하기 위해서는 마케팅 관리 활동을 강화하여야 한다.

53 ②

② 시제품 B는 C에 비해 독창성 점수가 2점 높지만 총점은 같다. 따라서 옳지 않은 발언이다.

54 ④

미 달러에 대한 환율 인상은 원화 가치 하락으로 수출 대금 환전은 늦추며 미국 현지 투자는 앞당겨야 유리하다. 엔화에 대한 환율 인하 시에는 외채 부담이 감소한다.

55 ④

두 번째 조건을 부등호로 나타내면, C < A < E
세 번째 조건을 부등호로 나타내면, B < D, B < A
네 번째 조건을 부등호로 나타내면, B < C < D
다섯 번째 조건에 의해 다음과 같이 정리할 수 있다.
∴ B < C < D, A < E

① 주어진 조건만으로는 세 번째로 월급이 많은 사람이 A인지, D인지 알 수 없다.

② B < C < D, A < E이므로 월급이 가장 많은 E는 월급을 50만 원을 받고, A와 D는 각각 40만 원 또는 30만 원을 받으며, C는 20만 원을, B는 10만 원을 받는다. E와 C의 월급은 30만 원 차이가 난다.

③ B의 월급은 10만 원, E의 월급은 50만 원이므로 합하면 60만 원이다.
C의 월급은 20만 원을 받지만, A는 40만 원을 받는지 30만 원을 받는지 알 수 없으므로 B와 E의 월급의 합은 A와 C의 월급의 합보다 많을 수도 있고, 같을 수도 있다.

56 ①

모든 변호사는 논리적인데, 어떤 작가도 논리적이지 않으므로, 모든 변호사는 작가가 아니라는 결론은 참이다.

57 ③

A : 영어 → 중국어

B : ~영어 → ~일본어, 일본어 → 영어

C : 영어 또는 중국어

D : 일본어 ↔ 중국어

E : 일본어

㉠ B는 참이고 E는 거짓인 경우

영어와 중국어 중 하나는 반드시 수강한다(C).

영어를 수강할 경우 중국어를 수강(A), 일본어를 수강(D)

중국어를 수강할 경우 일본어를 수강(D), 영어를 수강(E는 거짓이므로) → 중국어도 수강(A)

그러므로 B가 참인 경우 일본어, 중국어, 영어 수강

㉡ B가 거짓이고 E가 참인 경우

일본어를 수강하고 영어를 수강하지 않으므로(E) 반드시 중국어를 수강한다(C).

중국어를 수강하므로 일본어를 수강한다(D).

그러므로 E가 참인 경우 일본어, 중국어 수강

영식이가 반드시 수강할 과목은 일본어, 중국어이다.

58 ①

조건에 따르면 영업과 사무 분야의 일은 A가 하는 것이 아니고, 관리는 B가 하는 것이 아니므로 'A - 관리, B - 사무, C - 영업, D - 전산'의 일을 하게 된다.

59 ③

㈏에서는 전국적으로 보육 시설의 정원이 남음에도 많은 지역에 부모들이 아이들을 맡길 보육 시설을 찾지 못해 어려움을 겪고 있다는 문제점을 제시하고 있다. 그리고 ㈐에서는 일본의 경우 보육 시설의 교육 프로그램이 우수해 부모들의 보육 시설에 대한 만족도가 높다고 하고 있다. ㈏와 ㈐ 모두 우리나라 국공립 및 사회복지법인 보육 시설의 교육 프로그램의 질이 저하되어 있다는 문제점을 제시하고 있지 않다.

60 ③

첫 번째 문장과 세 번째 문장은 논리적으로 동치관계이므로 첫 번째 문장이 거짓이면 세 번째 문장도 거짓이다. 첫 번째 문장과 두 번째 문장은 둘 다 거짓일 수 있으며, 첫 번째 문장이 거짓이면 두 번째 문장이 참일 수도 거짓일 수도 있다.

✎ **직무시험(노인장기요양보험법)**

61 ②

① 「국민건강보험법」의 목적이다.

③ 「노인복지법」의 목적이다.

④ 「장애인·노인·임산부 등의 편의증진 보장에 관한 법률」의 목적이다.

62 ④

"장기요양요원"이란 장기요양기관에 소속되어 노인등의 신체활동 또는 가사활동 지원 등의 업무를 수행하는 자를 말한다〈제2조 제5호〉.

63 ②

국가 및 지방자치단체는 노인인구 및 지역특성 등을 고려하여 장기요양급여가 원활하게 제공될 수 있도록 적정한 수의 장기요양기관을 확충하고 장기요양기관의 설립을 지원하여야 한다〈제4조 제3항〉.

64 ④

보건복지부장관은 노인등에 대한 장기요양급여를 원활하게 제공하기 위하여 5년 단위로 장기요양기본계획을 수립·시행하여야 한다〈제6조 제1항〉.

65 ③

보건복지부장관은 장기요양사업의 실태를 파악하기 위하여 3년마다 다음 각 호의 사항에 관한 조사를 정기적으로 실시하고 그 결과를 공표하여야 한다〈제6조의2 제1항〉.

1. 장기요양인정에 관한 사항
2. 장기요양등급판정위원회의 판정에 따라 장기요양급여를 받을 사람의 규모, 그 급여의 수준 및 만족도에 관한 사항
3. 장기요양기관에 관한 사항
4. 장기요양요원의 근로조건, 처우 및 규모에 관한 사항
5. 그 밖에 장기요양사업에 관한 사항으로서 보건복지부령으로 정하는 사항

66 ③

장기요양보험료는 「국민건강보험법」에 따른 보험료(이하 "건강보험료"라 한다)와 통합하여 징수한다. 이 경우 공단은 장기요양보험료와 건강보험료를 구분하여 고지하여야 한다〈제8조 제2항〉.

67 ②

장기요양보험료율은 장기요양위원회의 심의를 거쳐 대통령령으로 정한다〈제9조 제2항〉.

68 ②

장기요양인정을 신청하는 자는 공단에 보건복지부령으로 정하는 바에 따라 장기요양인정신청서에 의사 또는 한의사가 발급하는 소견서(이하 "의사소견서"라 한다)를 첨부하여 제출하여야 한다〈제13조 제1항〉.

69 ①

① 공단은 조사하는 경우 2명 이상의 소속 직원이 조사할 수 있도록 노력하여야 한다〈제14조 제2항〉.

70 ④

등급판정위원회는 신청인이 신청자격요건을 충족하고 <u>6개월</u> 이상 동안 혼자서 일상생활을 수행하기 어렵다고 인정하는 경우 심신상태 및 장기요양이 필요한 정도 등 대통령령으로 정하는 등급판정기준에 따라 수급자로 판정한다〈제15조 제2항〉.

71 ④

공단은 등급판정위원회가 장기요양인정 및 등급판정의 심의를 완료한 경우 지체 없이 다음의 사항이 포함된 장기요양인정서를 작성하여 수급자에게 송부하여야 한다〈제17조 제1항〉.
1. 장기요양등급
2. 장기요양급여의 종류 및 내용
3. 그 밖에 장기요양급여에 관한 사항으로서 보건복지부령으로 정하는 사항

72 ②

장기요양인정의 유효기간은 최소 1년 이상으로서 대통령령으로 정한다〈제19조 제1항〉.

73 ①

장기요양인정 신청 등에 대한 대리〈제22조〉
① 장기요양급여를 받고자 하는 자 또는 수급자가 신체적·정신적인 사유로 이 법에 따른 장기요양인정의 신청, 장기요양인정의 갱신신청 또는 장기요양등급의 변경신청 등을 직접 수행할 수 없을 때 본인의 가족이나 친족, 그 밖의 이해관계인은 이를 대리할 수 있다.
② 다음의 어느 하나에 해당하는 사람은 관할 지역 안에 거주하는 사람 중 장기요양급여를 받고자 하는 사람 또는 수급자가 장기요양인정신청 등을 직접 수행할 수 없을 때 본인 또는 가족의 동의를 받아 그 신청을 대리할 수 있다.
　1. 「사회보장급여의 이용·제공 및 수급권자 발굴에 관한 법률」에 따른 사회복지전담공무원
　2. 「치매관리법」에 따른 치매안심센터의 장(장기요양급여를 받고자 하는 사람 또는 수급자가 같은 법에 따른 치매환자인 경우로 한정한다)
③ 장기요양급여를 받고자 하는 자 또는 수급자가 장기요양인정신청 등을 할 수 없는 경우 특별자치시장·특별자치도지사·시장·군수·구청장이 지정하는 자는 이를 대리할 수 있다.
④ 장기요양인정신청 등의 방법 및 절차 등에 관하여 필요한 사항은 보건복지부령으로 정한다.

74 ②

② 주·야간보호에 대한 설명이다.

방문간호는 장기요양요원인 간호사 등이 의사, 한의사 또는 치과의사의 지시서에 따라 수급자의 가정 등을 방문하여 간호, 진료의 보조, 요양에 관한 상담 또는 구강위생 등을 제공하는 장기요양급여를 말한다〈제23조 제1항 제1호〉.

75 ②

공단은 수급자가 장기요양기관이 아닌 노인요양시설 등의 기관 또는 시설에서 재가급여 또는 시설급여에 상당한 장기요양급여를 받은 경우 대통령령으로 정하는 기준에 따라 해당 장기요양급여비용의 일부를 해당 수급자에게 특례요양비로 지급할 수 있다〈제25조 제1항〉.

76 ①

급여외행위의 제공 금지〈제28조의2 제1항〉 ··· 수급자 또는 장기요양기관은 장기요양급여를 제공받거나 제공할 경우 다음의 행위(이하 "급여외행위"라 한다)를 요구하거나 제공하여서는 아니 된다.

1. 수급자의 가족만을 위한 행위
2. 수급자 또는 그 가족의 생업을 지원하는 행위
3. 그 밖에 수급자의 일상생활에 지장이 없는 행위

77 ④

특별자치시장·특별자치도지사·시장·군수·구청장이 지정을 하려는 경우에는 다음의 사항을 검토하여 장기요양기관을 지정하여야 한다. 이 경우 특별자치시장·특별자치도지사·시장·군수·구청장은 공단에 관련 자료의 제출을 요청하거나 그 의견을 들을 수 있다〈제31조 제3항〉.

1. 장기요양기관을 운영하려는 자의 장기요양급여 제공 이력
2. 장기요양기관을 운영하려는 자 및 그 기관에 종사하려는 자가 이 법, 「사회복지사업법」 또는 「노인복지법」 등 장기요양기관의 운영과 관련된 법에 따라 받은 행정처분의 내용

3. 장기요양기관의 운영 계획
4. 해당 지역의 노인인구 및 장기요양급여 수요 등 지역특성
5. 그 밖에 특별자치시장·특별자치도지사·시장·군수·구청장이 장기요양기관으로 지정하는 데 필요하다고 인정하여 정하는 사항

78 ④

장기요양기관 지정의 유효기간〈제32조의3〉 ··· 장기요양기관 지정의 유효기간은 지정을 받은 날부터 6년으로 한다.

79 ③

장기요양기관의 장은 폐업하거나 휴업하고자 하는 경우 폐업이나 휴업 예정일 전 30일까지 특별자치시장·특별자치도지사·시장·군수·구청장에게 신고하여야 한다. 신고를 받은 특별자치시장·특별자치도지사·시장·군수·구청장은 지체 없이 신고 명세를 공단에 통보하여야 한다〈제36조 제1항〉.

80 ④

장기요양기관 지정의 취소 등〈제37조 제1항〉 ··· 특별자치시장·특별자치도지사·시장·군수·구청장은 장기요양기관이 다음의 어느 하나에 해당하는 경우 그 지정을 취소하거나 6개월의 범위에서 업무정지를 명할 수 있다. 다만, 제1호, 제2호의2, 제3호의5, 제7호, 또는 제8호에 해당하는 경우에는 지정을 취소하여야 한다.

1. 거짓이나 그 밖의 부정한 방법으로 지정을 받은 경우
1의2. 급여외행위를 제공한 경우. 다만, 장기요양기관의 장이 그 위반행위를 방지하기 위하여 해당 업무에 관하여 상당한 주의와 감독을 게을리하지 아니한 경우는 제외한다.
2. 지정기준에 적합하지 아니한 경우
2의2. 결격사유의 어느 하나에 해당하게 된 경우. 다만, 법인의 경우 3개월 이내에 그 대표자를 변경하는 때에는 그러하지 아니하다.
3. 장기요양급여를 거부한 경우
3의2. 본인부담금을 면제하거나 감경하는 행위를 한 경우

3의3. 수급자를 소개, 알선 또는 유인하는 행위 및 이를 조장하는 행위를 한 경우

3의4. 장기요양요원의 보호 규정의 어느 하나를 위반한 경우

3의5. 폐업 또는 휴업 신고를 하지 아니하고 1년 이상 장기요양급여를 제공하지 아니한 경우

3의6. 시정명령을 이행하지 아니하거나 회계부정 행위가 있는 경우

3의7. 정당한 사유 없이 평가를 거부·방해 또는 기피하는 경우

4. 거짓이나 그 밖의 부정한 방법으로 재가 및 시설 급여비용을 청구한 경우

5. 자료제출 명령에 따르지 아니하거나 거짓으로 자료제출을 한 경우나 질문 또는 검사를 거부·방해 또는 기피하거나 거짓으로 답변한 경우

6. 장기요양기관의 종사자 등이 다음의 어느 하나에 해당하는 행위를 한 경우. 다만, 장기요양기관의 장이 그 행위를 방지하기 위하여 해당 업무에 관하여 상당한 주의와 감독을 게을리 하지 아니한 경우는 제외한다.

　가. 수급자의 신체에 폭행을 가하거나 상해를 입히는 행위

　나. 수급자에게 성적 수치심을 주는 성폭행, 성희롱 등의 행위

　다. 자신의 보호·감독을 받는 수급자를 유기하거나 의식주를 포함한 기본적 보호 및 치료를 소홀히 하는 방임행위

　라. 수급자를 위하여 증여 또는 급여된 금품을 그 목적 외의 용도에 사용하는 행위

　마. 폭언, 협박, 위협 등으로 수급자의 정신건강에 해를 끼치는 정서적 학대행위

7. 업무정지기간 중에 장기요양급여를 제공한 경우

8. 「부가가치세법」에 따른 사업자등록 또는 「소득세법」에 따른 사업자등록이나 고유번호가 말소된 경우

제 2 회 정답 및 해설

✎ **직업기초능력평가**

1 ③
시선공유도 바람직한 의사소통을 위한 중요한 요소이지만 위 글에 나오는 형식이의 노력에서는 찾아볼 수 없다.

2 ④
수취확인 문의전화는 언어적 의사소통에 해당한다. 문서적 의사소통에는 수취확인서 발송, 박 대리에게 메모한 업무지시, 영문 운송장 작성, 주문서 작성, 주간업무보고서 작성 등이 해당된다.

3 ③
① (추론1)은 타당한 추론이다.
② (추론2)는 추론은 타당하지 않지만, 결론이 참일 가능성이 높으므로 '개연성이 높다.'
③ (추론1)은 추론은 타당하지만, 전제가 실제로 참이 아니므로 '건전하지 않다.'
④ (추론2)는 추론이 타당하지 않기 때문에 '건전하지 않다.'

4 ②
② 각저총에는 사신도 그림이 없다.

5 ④
④ 무용총의 벽화처럼 각저총의 벽화도 피장자의 생전생활을 취재한 것이며 필치도 거의 같다.

6 ①
① 각저총의 구조 등을 설명하고 있는 내용에 적절하지 않다.

7 ②
관점 A – 객관적인 정보에 의해서 결정
관점 B – 객관적 요소뿐 아니라 주관적 인지와 평가에 좌우
관점 C – 개인의 심리적 과정과 속한 집단의 문화적 배경에도 의존
㉠ 관점 B는 객관적인 요소에 영향을 받는다.
㉡ 관점 B는 주관적 인지와 평가, 관점 C는 문화적 배경
㉢ 민주화 수준이 높은 사회는 개인이 속한 집단의 문화적 배경에 해당하므로 관점 C에 해당하며, 관점 A는 사회 구성원들이 기후변화의 위험에 더 민감한 태도를 보인다는 것을 설명할 수 없다.

8 ①
㉠ 제로섬 게임은 두 경기자가 파이 하나를 놓고 다툴 때 한 경기자의 이익이 상대방의 손실로 이어지는 게임이다.
① 두 친구가 내기를 걸었으니 둘 중의 한 명은 내기에서 이겨서 점심을 얻어먹게 되고 다른 한 명은 점심을 사 주게 될 것이다. 한 사람의 이익이 다른 한 사람의 손실로 이어지게 되므로 제로섬 게임에 해당한다.
② 경쟁하던 두 업체가 협력을 하여 비용을 줄이게 되면 줄어든 비용만큼 둘 다 이익이 발생하게 되어 윈윈(win-win)을 한 경우에 해당하므로 제로섬 게임이 아니다.
③ 경쟁하던 두 가게가 가격 인하 경쟁을 하다가 둘 다 손해를 본 경우에 해당하므로, 제로섬 게임이 아니다.
④ 두 정당이 비록 각각의 후보를 내지는 못하였지만 서로에게 이익이 될 수 있는 방안을 생각하여 단일 후보를 내고 공동으로 선거 운동을 한 사례에 해당하므로 제로섬 게임이 아니다.

9 ①

② 요양기관에 요양급여를 신청할 때 요양급여를 신청한 날부터 14일 이내에 건강보험증이나 신분증명서를 제출해야 한다.

③ 가입자 등 또는 요양기관에 의해 자격확인요청을 받은 공단은 자격이 있는지의 여부를 확인하여 건강보험자격확인통보서에 의하거나 전화, 팩스 또는 정보통신망을 이용하여 통보하여야 한다.

④ 요양기관은 가입자 등이 손쉽게 공단에 자격확인을 요청할 수 있도록 공단의 전화번호 등을 안내하거나 요양기관의 진료접수창구에 이를 게시하여야 한다.

10 ③

호칭 사용시 Vice President, Dr. CHONG이라고 불려야 한다.

11 ④

④ 대학생 해설 인턴에게 요구되는 친화력은 해설 대상인 중·고등학생과의 친화력이다. 따라서 교우 관계보다는 중·고등학생과의 친화력을 보여줄 수 있는 복지 센터 보조 교사 활동에 초점을 맞추는 것이 적절하다.

12 ④

①② 향토 문화에 대한 관심이나 이해 정도를 보여 줄 수 있다.

③ 향토 문화 해설을 위한 설명 능력을 보여 줄 수 있다.

13 ④

작자는 오래된 물건의 가치를 단순히 기능적 편리함 등의 실용적인 면에 두지 않고 그것을 사용해온 시간, 그 동안의 추억 등에 두고 있으며 그렇기 때문에 오래된 물건이 아름답다고 하였다.

14 ②

동료일 때는 성과 직위 또는 직명으로 호칭한다. 혹시 직책이나 직급명이 없는 동료는 성명에 '씨'를 붙인다.

15 ④

㉣에서는 종결어미 '-지요'를 사용하여 청자에게 높임의 태도를 나타내는 상대 높임 표현이 쓰였다.

16 ③

자기주장을 일단 양보하여 의견의 일치를 보이는 자세를 취함으로써 강경한 태도를 굽히지 않던 상대방을 결국 이쪽으로 끌어올 수 있다. 의논이라는 것은 대립하면 할수록 반대 의견을 가진 사람은 더 한층 강한 반대 의사를 나타낸다. 따라서 이러한 사람을 설득하여 자기 뜻에 따르도록 하려면, 일단 자기 의견을 양보하여 상대방의 의견에 따르는 체 하는 것이 효과적이다. 이쪽이 자기주장을 부정하고 상대방의 주장을 따르는 자세를 취하면 상대방도 자기주장만 내세울 수 없게 된다. 다시 말하면, 분위기가 반전되어 이쪽이 주도권을 쥘 수 있는 상황으로 바뀐다. 공격형인 사람을 설득한다든지 그의 집요한 추궁에서 벗어나려면 먼저 이쪽에서 솔직히 인정하는 것도 하나의 방법이다.

17 ③

③ 의사소통은 기계적인 정보 전달 이상의 것이다. 따라서 정보의 전달에만 치중하기보다는 서로 다른 이해와 의미를 가지고 있는 사람들이 공유할 수 있는 의미와 이해를 만들기 위해 상호 노력하는 과정으로 이해해야 한다.

18 ①

한글 맞춤법 제43항에 따르면 '단위를 나타내는 명사는 띄어 쓴다.'라고 규정하고 있다. 다만, 순서를 나타내는 경우나 숫자와 어울리어 쓰이는 경우에는 붙여 쓸 수 있다.

19 ④

문서에는 기관을 대표하는 장의 직함이나 성명을 적어야 한다. 안내문을 작성한 사람의 이름을 밝힐 필요는 없다.

20 ①

② '작품2'는 회화적 이미지를 첨가하여 외형적 아름다움뿐만 아니라 글자가 나타내는 의미까지 시각화하여 전달하였으므로 글자가 나타내는 의미와 상관없이 글자를 작품의 재료로만 활용하고 있다고 볼 수 없다.

③ '작품3'은 글자의 의미와는 무관하게 글자의 형태만을 활용하여 제작자의 신선한 발상을 전달하기 위한 작품으로 타이포그래피의 조형적 기능에 중점을 둔 것이라고 할 수 있다.

④ '작품1'은 가독성을 중시하였으며 타이포그래피의 언어적 기능에 중점을 둔 것이라고 할 수 있다. 그러나 '작품2'는 타이포그래피의 조형적 기능에 중점을 두면서 글자의 의미를 시각화해 전달한 작품이다.

21 ①

↓ 표시된 부분부터 시계방향으로 진행을 한다고 하였으므로 3에서 5가 되려면 $+2$, 5에서 10이 되려면 $\times 2$, 10에서 8이 되려면 -2, 8에서 10이 되려면 $+2$, 10에서 20이 되려면 $\times 2$, 20에서 8이 되려면 -2가 되므로 시계방향으로 진행하면서 $+2$, $\times 2$, -2의 순서로 변함을 알 수 있다.

그러므로 빈칸에 들어갈 숫자는 18에 $+2$를 한 20이 된다.

22 ③

작년 일반 성인입장료를 x원이라고 할 때, A시민 성인입장료는 $0.6x$원이다.

각각 5,000원씩 할인하면

$(x-5,000):(0.6x-5,000)=5:2$ 이므로 외항과 내항을 곱하여 계산한다.

$5(0.6x-5,000)=2(x-5,000)$

$3x-25,000=2x-10,000$

$x=15,000$

∴ 올해 일반 성인입장료는 5,000원 할인된 10,000원이다.

23 ①

거리 $=$ 속력$\times$시간, $x=$ 집에서 편의점까지 걸린 시간, $(70-x)=$ 편의점에서 공원까지 걸린 시간

$60\times x+110\times(70-x)=6,000$

$50x=1,700$

∴ $x=34$

24 ④

④ A기관 : $53\div 28=$약 1.9대, B기관 : $127\div 53=$ 약 2.4대, C기관 : $135\div 50=2.7$대이므로 C도시 철도운영기관이 가장 많다.

① $(53+127+135)\div 3=105$이므로 100개보다 많다.

② A기관 : $895\div 240=$ 약 3.7대, B기관 : $1,329\div 349=$ 약 3.8대, C기관 : $855\div 237=$ 약 3.6대이다.

③ $265\div 95=$ 약 2.8대 $455\div 92=$ 약 4.9대 $135\div 50=2.7$대이므로 에스컬레이터가 가장 많다.

25 ②

단품으로 구매 시 : 오늘의 커피(3,000)+단호박 샌드위치(5,500)$=8,500$원

세트로 구매 시 : 7,000+샌드위치 차액(500)$=7,500$원

∴ 세트로 구매하는 것이 단품으로 구매하는 것보다 1,000원 더 저렴하다.

26 ③

① 인천광역시 여성 실업률(4.4%) ≒ 29,000 ÷ 661,000 × 100 = 4.38…

② 대전광역시 여성 실업률(2.1%) ≒ 7,000 ÷ 341,000 × 100 = 2.05…

③ 부산광역시 남성 실업률(3.4%) ≒ 33,000 ÷ 963,000 × 100 = 3.42…

④ 광주광역시 남성 실업률(3.0%) ≒ 13,000 ÷ 434,000 × 100 = 2.99…

27 ④

① 대전광역시 실업률(2.7%) ≒ 22,000 ÷ 806,000 × 100 = 2.72⋯

울산광역시 실업률(2.2%) ≒ 13,000 ÷ 582,000 × 100 = 2.23⋯

22,000 > 13,000

② 전체 경제활동참가율은 인천광역시가 가장 높지만, 전체 경제활동인구는 서울특별시가 가장 많다.

③ 여성 경제활동참가율은 인천광역시가 가장 높지만, 남성 경제활동참가율은 울산광역시가 가장 높다.

④ 남녀 실업률에서 가장 많이 차이가 나는 지역은 1.2%의 차이가 나는 울산광역시이다.

28 ④

① 고혈압 유병률은 2013년에 감소하였고, 당뇨 유병률은 2009년과 2012년에 감소하였다.

② 고혈압 유병률은 2008년과 2013년에는 1.7%, 2011년에는 1.6% 변동이 나타났다.

③ 당뇨 유병률의 변동은 2013년에 2%였다.

29 ④

④ 전체집단의 삶의 만족도는 2009년에 감소했다.

30 ②

24,965,000×0.33=8,238,450

31 ③

	조기 암환자			말기 암환자			전체 암환자		
	생존자	사망자	생존율(%)	생존자	사망자	생존율(%)	생존자	사망자	생존율(%)
A	18	12	60	2	8	20	20	20	50
B	7	3	70	9	21	30	16	24	40

ⓒ A약을 투여한 조기 암환자와 말기 암환자의 생존율 차이와 B약을 투여한 조기 암환자와 말기 암환자의 생존율 차이는 40%로 동일하다.

32 ③

㉠ 2009년의 경우 여성의 취업을 반대하는 8.7%는 전체 응답자 중에서의 비율이고, 혼인 전까지만 여성의 취업을 찬성하는 8.7%는 여성의 취업을 찬성하는 응답자 중에서의 비율이므로 각각의 응답자 수는 다르다.

㉡ 자녀 성장 후 맞벌이를 희망하는 내용은 표를 통해서는 알 수 없다.

33 ④

① 제시된 자료만으로는 남성과 여성의 경제 활동 참여 의지의 많고 적음을 비교할 수는 없다.

② 59세 이후 남성의 경제 활동 참가율 감소폭이 여성의 경제 활동 참가율 감소폭보다 크다.

③ 각 연령대별 남성과 여성의 노동 가능 인구를 알 수 없기 때문에 비율만 가지고 여성의 경제 활동 인구 수의 증가가 남성의 경제 활동 인구 수의 증가보다 많다고 하는 것은 옳지 않다.

34 ②

(A) $1 : 51 = 0.078 : x$ ∴ $x = 3.978$

(B) $1 : 51 = 0.196 : x$ ∴ $x = 9.996$

35 ④

경민 68점, 진수 70점, 명훈 66점, 장우 78점, 진희 65점, 윤미 67점

$$\frac{68+70+66+78+65+67}{6} = 69(점)$$

36 ②

$$\frac{1 \times 1 + x \times 2 + 3 \times 9 + 4 \times 5}{15 + x} = 2.8$$

$2x + 48 = 2.8x + 42$

$0.8x = 6$

∴ $x = 7.5$

37 ④

① 780+44+4=828, 828×179.6=148,708.8

② 148,708.8×0.0655=9,740.4264

③ 148,708.8×0.78=115,992.864

④ 가장 많이 경감되는 경우 50%까지 경감이 가능하므로 148,708.8×0.5=74,354.4가 최저금액이다.

38 ④

① 0~9세 아동 인구는 점점 감소하고 있으므로 전체 인구수의 증가 이유와 관련이 없다.

② 연도별 25세 이상의 인구수는 각각 26,150,337명, 28,806,763명, 31,292,660명으로 24세 이하의 인구수보다 많다.

③ 전체 인구 중 10~24세 사이의 인구가 차지하는 비율은 약 26.66%, 23.06%, 21.68%로 점점 감소하고 있다.

39 ④

① $\dfrac{18,403,373}{44,553,710} \times 100 \fallingdotseq 41.30(\%)$

② $\dfrac{10,604,212}{17,178,526} \times 100 \fallingdotseq 61.73(\%)$

③ $\dfrac{15,748,774}{47,041,434} \times 100 \fallingdotseq 33.48(\%)$

④ $\dfrac{11,879,849}{18,403,373} \times 100 \fallingdotseq 64.55(\%)$

40 ④

㉠ 총 투입시간 = 투입인원 × 개인별 투입시간

㉡ 개인별 투입시간 = 개인별 업무시간 + 회의 소요시간

㉢ 회의 소요시간 = 횟수(회) × 소요시간(시간/회)

∴ 총 투입시간 = 투입인원 × (개인별 업무시간 + 횟수 × 소요시간)

각각 대입해서 총 투입시간을 구하면,

$A = 2 \times (41 + 3 \times 1) = 88$

$B = 3 \times (30 + 2 \times 2) = 102$

$C = 4 \times (22 + 1 \times 4) = 104$

$D = 3 \times (27 + 2 \times 1) = 87$

업무효율 = $\dfrac{\text{표준 업무시간}}{\text{총 투입시간}}$ 이므로, 총 투입시간이 적을수록 업무효율이 높다. D의 총 투입시간이 87로 가장 적으므로 업무효율이 가장 높은 부서는 D이다.

41 ①

첫 번째 자리 숫자는 부서별로 동일하고 부서가 다른 경우 다른 번호로 나타나므로 부서코드이다. 직원들의 근속연수는 문항에서 알 수 없는 정보로 두 번째 자리 숫자가 근속연수코드가 아닐 수 있다. 또 직원들 모두가 같은 회사이므로 세 번째 자리 숫자가 회사코드라면 모두 같겠지만 실제로 0, 1, 2로 동일하지 않다. 마지막으로 김기남 팀장과 하나유 대리는 직위가 다름에도 네 번째 자리 숫자가 같은 경우가 있으므로 직위코드가 될 수 없다.

42 ③

기본요금 : $70.0 \times 120 = 8,400$ 원

사용요금 : $(163.7 \times 125) + (163.7 \times 5)$
$= 20,462.5 + 818.5 = 21,281$ 원

요금합계 : $8,400 + 21,281 = 29,681$ 원

43 ③

정리가 되지 않은 작업장은 3정 5S의 원칙을 적용하여야 한다.

물건을 옮길 때에는 시야 확보를 할 수 있도록 교육하여야 한다.

※ 3정 5S의 원칙 … 모든 개선활동의 기본으로서 공장 내의 모든 낭비를 제거하는 것을 말한다. 3정은 정품, 정량, 정위치, 5S는 정리, 정돈, 청소(점검), 청결, 생활화(습관화)이다.

44 ②

직업 \ 사람	지은	수정	효미
변호사	×	○	×
사업가	×	○	×
화가	○	×	×
은행원	×	×	○
소설가	×	×	○
교사	○	×	×

위에서 효미는 소설가로 결정되므로 답은 ①, ② 가운데 하나이다.

그런데 지은이는 교사이므로 효미는 은행원, 소설가이다.

45 ④

결론이 '자동차는 1번 도로를 지나오지 않았다.'이므로 결론을 중심으로 연결고리를 이어가면 된다.

자동차가 1번 도로를 지나오지 않았다면 ㉠에 의해 이 자동차는 A, B마을에서 오지 않았다. 흙탕물이 자동차 밑바닥에 튀지 않고 자동차를 담은 폐쇄회로 카메라가 없다면 A마을에서 오지 않았을 것이다. 도로정체가 없고 검문소를 통과하지 않았다면 B마을에서 오지 않았을 것이다. 폐쇄회로 카메라가 없다면 도로정체를 만나지 않았을 것이다. 자동차 밑바닥에 흙탕물이 튀지 않았다면 검문소를 통과하지 않았을 것이다.

따라서 자동차가 1번 도로를 지나오지 않았다는 결론을 얻기 위해서는 폐쇄회로 카메라가 없거나 흙탕물이 튀지 않았다는 전제가 필요하다.

46 ②

지하 1층 : 정보관리실, 1층 : 고객지원실, 2층 : 건강증진실, 3층 : 경영지원실, 4층 : 기획조정실

47 ②

② B와 C가 취미가 같고, C는 E와 취미생활을 둘이서 같이 하므로 B가 책읽기를 좋아한다면 E도 여가시간을 책읽기로 보낸다.

48 ①

약속장소에 도착한 순서는 E - D - A - B - C 순이고, 제시된 사실에 따르면 C가 가장 늦게 도착하긴 했지만 약속시간에 늦었는지는 알 수 없다.

49 ④

명제가 참이면 대우도 반드시 참이다. 명제 1, 2를 바탕으로 이끌어낼 수 있는 '강아지를 좋아하는 사람과 나무를 좋아하는 사람은 자연을 좋아한다.'는 명제는 참이고, 이 명제의 대우인 '자연을 좋아하지 않는 사람은 강아지도 나무도 좋아하지 않는다.'도 반드시 참이다.

50 ①

냉장고 사용설명서의 문제해결방법에 따라 냉동, 냉장이 안 될 경우 전원플러그를 다시 꽂는다.

51 ③

얼음에서 냄새가 날 경우 얼음 그릇을 깨끗이 닦아서 사용한다.

52 ②

정전이 되어 전기가 들어오지 않아도 2~3시간 동안 식품이 상하지 않으므로 되도록이면 냉장고 문을 열지 않는다.

53 ③

민수는 고속버스를 싫어하고, 영민이는 자가용을 싫어하므로 비행기로 가는 방법을 선택하면 된다.

54 ③

고객이 원하는 3기가 이상의 인터넷과 1회 컬러링 부가서비스가 있는 것은 55요금제이다.

55 ④

3기가 이상의 인터넷과 1회 이상의 컬러링을 만족하는 55요금제와 65요금제를 비교하여, 3시간 30분의 통화를 사용할 경우 55요금제는 95,000원, 65요금제는 75,000원이므로 65요금제가 가장 적합하다.

56 ④

장승이 처음 질문에 "그렇다."라고 대답하면 그 대답은 진실이므로 다음 질문에 대한 대답은 반드시 거짓이 되고, "아니다."라고 대답하면 그 대답은 거짓이므로 다음 질문에 대한 대답은 반드시 진실이 된다. 장승이 처음 질문에 무엇이라 대답하든 나그네는 다음 질문의 대답이 진실인지 거짓인지 알 수 있으므로 마을로 가는 길이 어느 쪽 길인지 알 수 있게 된다.

57 ④

제시된 조건을 통해 외판원들의 판매실적을 유추하면 A > B, D > C이다. 또한 F > E > A, E > B > D임을 알 수 있다. 결과적으로 F > E > A > B > D > C가 된다.
① 외판원 C의 실적은 꼴지이다.
② B의 실적보다 안 좋은 외판원은 2명이다.
③ 두 번째로 실적이 좋은 외판원은 E이다.

58 ③

㉠ 12월 17일에 조기를 먹어야 한다고 했고, 이틀 연속으로 같은 생선을 먹을 수 없으므로 홀수일에 조기를 먹고 짝수일에 갈치나 고등어를 먹으면 되므로 최대로 먹을 수 있는 조기는 16마리이다.
㉡ 매주 화요일에 갈치를 먹을 수 없다고 했으므로 6일 월요일에 갈치를 먹는다고 가정하면 2일, 4일, 6일, 8일, 10일, 12일, 15일, 18일, 20일, 22일, 24일, 26일, 29일, 31일로 먹으면 되므로 14마리이다.
㉢ 6일에 조기를 먹어야 하므로 2일, 4일, 6일, 8일, 10일, 12일, 14일까지 먹으면 17일날 조기를 먹어야 하므로 15일과 16일은 다른 생선을 먹어야 한다. 15일, 16일에 갈치나 고등어를 먹으면 되므로 12월 한달 동안 갈치, 조기, 고등어를 1마리 이상씩 먹게 된다.

59 ②

경상도 사람은 앞에서 세 번째에 서고 강원도 사람 사이에는 다른 지역 사람이 서 있어야 하므로 강원도 사람은 경상도 사람의 뒤쪽으로 서게 된다. 서울 사람은 서로 붙어있어야 하므로 첫 번째, 두 번째에 선다. 충청도 사람은 맨 앞 또는 맨 뒤에 서야 하므로 맨 뒤에 서게 된다. 강원도 사람 사이에는 자리가 정해지지 않은 전라도 사람이 서게 된다.
서울 – 서울 – 경상도 – 강원도 – 전라도 – 강원도 – 충청도

60 ②

아들, 딸은 직계 존비속이다. 본인은 100%, 직계 존비속 80%, 형제 · 자매는 50%
㈎ – 본인 300 + 동생 200 × 0.5 = 100
㈏ – 딸 200 × 0.8 = 160
㈐ – 본인 300 + 아들 400 × 0.8 = 320
㈑ – 본인 200 + 딸 200 × 0.8 = 160
모두 합하면 300 + 100 + 160 + 300 + 320 + 200 + 160 = 1,540만 원

✏ **직무시험(노인장기요양보험법)**

61 ④

위반사실 등의 공표〈제37조의3 제1항〉 … 보건복지부장관 또는 특별자치시장 · 특별자치도지사 · 시장 · 군수 · 구청장은 장기요양기관이 거짓으로 재가 · 시설 급여비용을 청구하였다는 이유로 처분이 확정된 경우로서 다음의 어느 하나에 해당하는 경우에는 위반사실, 처분내용, 장기요양기관의 명칭 · 주소, 장기요양기관의 장의 성명, 그 밖에 다른 장기요양기관과의 구별에 필요한 사항으로서 대통령령으로 정하는 사항을 공표하여야 한다. 다만, 장기요양기관의 폐업 등으로 공표의 실효성이 없는 경우에는 그러하지 아니하다.
1. 거짓으로 청구한 금액이 1천만 원 이상인 경우
2. 거짓으로 청구한 금액이 장기요양급여비용 총액의 100분의 10 이상인 경우

62 ②

본인부담금⟨제40조 제1항⟩ ⋯ 재가 및 시설 급여비용은 다음과 같이 수급자가 부담한다. 다만, 수급자 중 「의료급여법」에 따른 수급자는 그러하지 아니하다.

1. 재가급여 : 해당 장기요양급여비용의 100분의 <u>15</u>
2. 시설급여 : 해당 장기요양급여비용의 100분의 <u>20</u>

63 ①

① 장기요양위원회의 심의 사항이다.

※ **장기요양요원지원센터의 업무**⟨제47조의2 제2항⟩ ⋯ 장기요양요원지원센터는 다음의 업무를 수행한다.

1. 장기요양요원의 권리 침해에 관한 상담 및 지원
2. 장기요양요원의 역량강화를 위한 교육지원
3. 장기요양요원에 대한 건강검진 등 건강관리를 위한 사업
4. 그 밖에 장기요양요원의 업무 등에 필요하여 대통령령으로 정하는 사항

64 ③

심사청구⟨제55조 제1항, 제2항⟩

① 장기요양인정 · 장기요양등급 · 장기요양급여 · 부당이득 · 장기요양급여비용 또는 장기요양보험료 등에 관한 공단의 처분에 이의가 있는 자는 공단에 심사청구를 할 수 있다.

② 심사청구는 그 처분이 있음을 안 날부터 90일 이내에 문서(「전자정부법」에 따른 전자문서를 포함한다)로 하여야 하며, 처분이 있은 날부터 180일을 경과하면 이를 제기하지 못한다. 다만, 정당한 사유로 그 기간에 심사청구를 할 수 없었음을 증명하면 그 기간이 지난 후에도 심사청구를 할 수 있다.

65 ①

다음의 어느 하나에 해당하는 자는 1년 이하의 징역 또는 1천만 원 이하의 벌금에 처한다⟨제67조 제3항⟩.

1. 정당한 사유 없이 장기요양급여의 제공을 거부한 자
2. 거짓이나 그 밖의 부정한 방법으로 장기요양급여를 받거나 다른 사람으로 하여금 장기요양급여를 받게 한 자
3. 정당한 사유 없이 권익보호조치를 하지 아니한 사람
4. 수급자가 부담한 비용을 정산하지 아니한 자

66 ③

"노인등"이란 65세 이상의 노인 또는 65세 미만의 자로서 치매 · 뇌혈관성질환 등 대통령령으로 정하는 노인성 질병을 가진 자를 말한다⟨제2조 제1호⟩.

67 ③

③ 장기요양급여는 노인등이 가족과 함께 생활하면서 가정에서 장기요양을 받는 재가급여를 우선적으로 제공하여야 한다⟨제3조 제3항⟩.

68 ④

국가는 장기요양기본계획을 수립 · 시행함에 있어서 노인뿐만 아니라 장애인 등 일상생활을 혼자서 수행하기 어려운 모든 국민이 장기요양급여, 신체활동지원서비스 등을 제공받을 수 있도록 노력하고 나아가 이들의 생활안정과 자립을 지원할 수 있는 시책을 강구하여야 한다⟨제5조⟩.

69 ③

보건복지부장관은 노인등에 대한 장기요양급여를 원활하게 제공하기 위하여 5년 단위로 다음의 사항이 포함된 장기요양기본계획을 수립 · 시행하여야 한다⟨제6조 제1항⟩.

1. 연도별 장기요양급여 대상인원 및 재원조달 계획
2. 연도별 장기요양기관 및 장기요양전문인력 관리 방안
3. 장기요양요원의 처우에 관한 사항
4. 그 밖에 노인등의 장기요양에 관한 사항으로서 대통령령으로 정하는 사항

70 ③

장기요양보험사업은 보건복지부장관이 관장한다⟨제7조 제1항⟩.

71 ②

장기요양보험료는 「국민건강보험법」에 따라 산정한 보험료액에서 같은 법에 따라 경감 또는 면제되는 비용을 공제한 금액에 장기요양보험료율을 곱하여 산정한 금액으로 한다⟨제9조 제1항⟩.

72 ④

장기요양인정의 신청자격〈제12조〉 ··· 장기요양인정을 신청할 수 있는 자는 노인등으로서 다음의 어느 하나에 해당하는 자격을 갖추어야 한다.

1. 장기요양보험가입자 또는 그 피부양자
2. 「의료급여법」에 따른 수급권자(이하 "의료급여수급권자"라 한다)

73 ②

장기요양인정 신청의 조사〈제14조 제1항〉 ··· 공단은 신청서를 접수한 때 보건복지부령으로 정하는 바에 따라 소속 직원으로 하여금 다음의 사항을 조사하게 하여야 한다. 다만, 지리적 사정 등으로 직접 조사하기 어려운 경우 또는 조사에 필요하다고 인정하는 경우 특별자치시 · 특별자치도 · 시 · 군 · 구(자치구를 말한다)에 대하여 조사를 의뢰하거나 공동으로 조사할 것을 요청할 수 있다.

1. 신청인의 심신상태
2. 신청인에게 필요한 장기요양급여의 종류 및 내용
3. 그 밖에 장기요양에 관하여 필요한 사항으로서 보건복지부령으로 정하는 사항

74 ④

공단은 조사가 완료된 때 조사결과서, 신청서, 의사소견서, 그 밖에 심의에 필요한 자료를 등급판정위원회에 제출하여야 한다〈제15조 제1항〉.

75 ③

장기요양등급판정기간〈제16조 제1항〉 ··· 등급판정위원회는 신청인이 신청서를 제출한 날부터 30일 이내에 장기요양등급판정을 완료하여야 한다. 다만, 신청인에 대한 정밀조사가 필요한 경우 등 기간 이내에 등급판정을 완료할 수 없는 부득이한 사유가 있는 경우 30일 이내의 범위에서 이를 연장할 수 있다.

76 ④

장기요양인정서를 작성할 경우 고려사항〈제18조〉 ··· 공단은 장기요양인정서를 작성할 경우 장기요양급여의 종류 및 내용을 정하는 때 다음의 사항을 고려하여 정하여야 한다.

1. 수급자의 장기요양등급 및 생활환경
2. 수급자와 그 가족의 욕구 및 선택
3. 시설급여를 제공하는 경우 장기요양기관이 운영하는 시설 현황

77 ③

장기요양인정의 갱신 신청은 유효기간이 만료되기 전 30일까지 이를 완료하여야 한다〈제20조 제2항〉.

78 ④

①②③ 재가급여, ④ 특별현금급여

79 ②

특별현금급여의 종류에는 가족요양비, 특례요양비, 요양병원간병비가 있다〈제23조 제1항 제3호〉.

80 ②

수급자는 장기요양인정서와 개인별장기요양이용계획서가 도달한 날부터 장기요양급여를 받을 수 있다〈제27조 제1항〉.

제3회 정답 및 해설

1 ④

'가을 전도' 현상은 가을의 차가운 대기로 인해 표층수의 온도가 물의 최대 밀도가 되는 4℃에 가깝게 하강하면 아래쪽으로 가라앉으면서 상대적으로 밀도가 낮은 아래쪽의 물이 위쪽으로 올라오게 되는 현상을 말한다.

2 ③

③ 대화 속의 남과 여는 디지털 글쓰기의 장점과 단점에 대해 이야기하고 있다. 따라서 두 사람이 제출했을 토론 주제로는 '디지털 글쓰기의 장단점'이 적합하다.

3 ①

제시된 포스터는 바다에 쓰레기를 투기하거나 신호보다 먼저 출발하는 행동을 사회의 부정부패에 비유하며 썩은 이를 뽑듯 뽑아내자고 이야기하고 있다. 따라서 이 포스터의 주제를 가장 잘 표현한 사원은 甲이라고 할 수 있다.

4 ④

④ 글의 내용에 의하면, 현재의 유전자 연구 수준은 유전자의 위치나 염기서열을 밝힌 것이 일부 있을 뿐이며, 3,000여 종류의 유전병 중에서 일부만의 원인 유전자를 찾는 정도에 머물고 있음을 알 수 있다. 또, 유전자 연구 수준이 높아진다고 해서 유전병을 치료할 수 있는지도 언급되어 있지 않으며, 어떻게 치료하는지도 이 글을 통해선 알 수 없다.

5 ③

③ (나)글을 보면, 쌍생아들을 대상으로 한 연구는 '유전적 요인이 인간의 성격 형성에 지대한 영향을 미친다는 심증을 굳히게 하였다.'라고 언급되어 있다. 이

논지를 뒷받침하려면, 유전자가 동일한 경우 환경이 달라도 성격이 흡사해야 할 것이며, 유전자가 다를 경우에는 환경이 동일해도 성격은 달라야 한다는 내용이어야 한다.

6 ③

③ '변화와 도전'은 현재 제도에 안주하지 않고 변화와 혁신을 통해 제도의 미래가치를 창출하는 것이다. 따라서 사회 변화를 분석하여 건강보험제도가 나아가야 할 방향을 제시하는 정책이 이에 가장 잘 부합하는 것이라고 볼 수 있다.

7 ①

① B 대리가 영업부 회의에 참석한 것은 사실이나, 해당 업무보고서만으로 A 출판사 영업부 소속이라고 단정할 수는 없다.

8 ③

(가)에서 나무꾼은 도끼날이 무뎌졌다는 근본적인 원인을 찾지 못 해 지칠 때까지 힘들게 나무를 베다가 결국 바닥에 드러눕고 말았다. 따라서 이를 끈기 있게 노력하지 않고 좋은 결과를 바라는 업무 태도 개선에 적용하는 것은 적용 대상의 모색이 잘못된 것이다.

9 ②

② 다른 나라에 진출한 타 기업 수 현황 자료는 '다른 나라와의 경제적 연대 증진'이라는 해외 시장 진출의 의의를 뒷받침하는 근거 자료로 적합하지 않다.

10 ④

② '수준별 수학 수업의 장려'와 'Ⅱ-1-나'는 논리적 연관성이 없는 것이 맞지만, 수정하려면 '실험과 탐구 위주의 평가 장려 정책'과 같은 내용으로 고쳐야 논리적으로 타당하다.

11 ④

④ 국제노동기구에서는 사회보장의 구성요소로 전체 국민을 대상으로 해야 하고, 최저생활이 보장되어야 하며 모든 위험과 사고가 보호되어야 할뿐만 아니라 <u>공공의 기관을 통해서 보호나 보장이 이루어져야 한</u>다고 하였다.

12 ③

③ **파급(波及)** : 어떤 일의 여파나 영향이 차차 다른 데로 미침.
① **통용(通用)** : 일반적으로 두루 씀. 또는 서로 넘나들어 두루 씀.
② **책정(策定)** : 계획이나 방책을 세워 결정함.
④ **양육(養育)** : 아이를 보살펴서 자라게 함.

13 ④

④ 해당 영상물의 제작 의도는 탈춤에 무관심한 젊은 세대를 대상으로 하여 우리 고유의 문화유산인 탈춤에 대한 관심을 불러일으키기 위한 것이다. 따라서 탈춤에 대한 학술적 이견들을 깊이 있게 제시하는 것은 제작 의도와 맞지 않는다.

14 ②

첫째 자리에 선이 세 개 있으므로 15, 둘째 자리에는 점이 세 개 있으므로 60이 된다. 따라서 첫째 자리와 둘째 자리를 합한 값인 75를 입력하면 (그림 4)와 같은 결과를 얻을 수 있다.

15 ②

박 부장이 두 번째 발언에 '그리고 효율성 문제는요, 저희가 알아본 바에 의하면 시설 가동률이 50% 정도에 그치고 있고, 누수율도 15%나 된다는데, 이런 것들은 시설 보수나 철저한 관리를 통해 충분히 해결할 수 있다고 봅니다.'를 통해 앞에서 이 과장이 효율성 문제를 들어 수돗물 사업 민영화를 주장했다는 것을 유추할 수 있다.

16 ③

③ 박 부장은 구체적인 사례와 수치 등을 들어 이 과장의 의견을 비판하고 있다.

17 ①

① "제 생각에도 수돗물 사업이 민영화되면 좀 더 효율적이고 전문적으로 운영될 것 같은데요."라고 한 김 팀장의 두 번째 발언으로 볼 때 김 팀장은 이 과장의 의견에 동의하고 있다.

18 ④

④ 공단 고객센터에서 근무한 C 씨가 이 채용에서 우대받기 위해서는 2013년 이후 근무경력이 2년 이상이어야 한다.

19 ④

④ 회의 준비를 점검하는 과정에서 매번 빠진 자료가 없는지 확인하는 것은 시간이 많이 소요되므로, 필요한 자료 목록을 작성하여 빠진 자료가 없는지 목록을 작성하여 체크하고 중간점검과 최종점검을 통해 확인한다.

20 ③

Albert Denton : 9월 24일, 화요일

8:30 a.m.	Metropolitan 호텔 로비 택시에서 Extec 공장까지 Kim S.S.와 미팅
9:30–11:30 a.m.	공장 투어
12:00–12:45 p.m.	품질 관리 감독관과 공장 식당에서 점심식사
1:00–2:00 p.m.	공장 관리자와 미팅
2:00 p.m.	차로 창고에 가기
2:30–4:00 p.m.	창고 투어
4:00 p.m.	다과
5:00 p.m.	택시로 호텔 (약 45분)
7:30 p.m.	C.W. Park과 로비에서 미팅
8:00 p.m.	고위 간부와 저녁식사

③ 공장 투어는 9시 30분에서 11시 30분까지이므로 오후가 아니다.

21 ④

$\div 1$, $\times 2$, $\div 3$, $\times 4$, $\div 5$, $\times 6 \cdots$ 의 규칙을 갖는다.

22 ②

일정한 규칙을 찾아 도형 안의 수를 유추하면 된다.

979와 25의 관계를 보면 $9 + 7 + 9 = 25$, 689와 23의 관계를 보면 $6 + 8 + 9 = 23$

793과 19의 관계를 보면 $7 + 9 + 3 = 19$이므로 세 자리 수로 구성된 부분의 각 항을 더하면 된다.

그러므로 863은 $8 + 6 + 3 = 17$이 된다.

23 ③

$㉠ + ㉡ - ㉢ = ㉣$

$1 + 3 - 2 = 2$, $2 + 0 - 1 = 1$, $㉠ + 4 - 5 = 4$에서

$㉠ = 5$, $4 + 2 - 2 = ㉡$에서 $㉡ = 4$

그러므로 $㉠ \times ㉡ = 5 \times 4 = 20$이 된다.

24 ③

작년 남학생 수를 x라고 할 때 작년 여학생 수는 $(1{,}000 - x)$라고 할 수 있다.

$x \times 0.08 + (1{,}000 - x) \times - 0.04 = 20$

$0.08x - 40 + 0.04x = 20$

$0.12x = 60$

$12x = 6{,}000$

$x = 500$

25 ①

의자의 개수를 x라고 하면

$3x + 5 = 5(x - 3) + 2$

$x = 9$개

$3 \times 9 + 5 = 32$명

26 ④

일의 자리 숫자를 x로 놓았을 때 다음의 식이 성립하므로

$2 \times 100 + 5 \times 10 + x = 2 \times 100 + x \times 10 + 5 + 18$

$250 + x = 200 + 10x + 23$

$x - 10x = 223 - 250$

$-9x = -27$

$x = 3$

$\therefore$ 처음 수는 $2 \times 100 + 5 \times 10 + 3 = 253$이다.

27 ③

③ 미국에 있는 자녀에게 학비를 송금하는 갑국 부모는 A 시기에 환율이 상승하였으므로 환전을 위해 더 많은 갑국 화폐를 지출하게 된다.

28 ③

③ 모든 연도에서 경제 활동 참가율은 90%로 변함이 없다.

t-1년에 갑국의 실업률이 10%이므로, A는 비경제 활동 인구, B는 실업자, C는 취업자이다.

29 ④

A국은 1차 산업의 비중이 높고, B국은 선진국형, C국은 중진국형, D국은 후진국형 산업 구조이다. 따라서 B국은 C국보다 산업 구조의 고도화가 더 진행되었다.

30 ①

㉠ 손익 계정의 매출에서 매입을 차감한 400,000원이 매출총이익이다.

㉡ 영업외비용은 기부금과 외화환산손실을 더한 120,000원이다.

㉢ 손익 계정의 자본금 200,000원은 당기순이익이다.

㉣ 자본 계정의 전기이월액 3,000,000원이 기초 자본금이다.

31 ④

금리가 지속적으로 하락하면 대출시 고정 금리보다 변동 금리를 선택하는 것이 유리하다.

㉠㉡ 요구불 예금의 금리와 예대 마진은 지속적으로 증가하지 않는다.

32 ②

원화 가치가 상승함에 따라 국내 미국 회사에 근무하는 회사원은 급여를 원화로 받는 것이 유리하다.

33 ③

현 보유 재고로 조달할 수 있는 완제품 탁자의 최대 수량은 현재 보유하고 있는 하부 조립품 50개와 짧은 난간, 긴 난간, 다리로 50개를 만들어 총 100개이다.
① 탁자는 상판, 짧은 난간, 긴 난간, 다리 총 4가지로 구성된다.
② 탁자 1개를 만들기 위해 필요한 다리의 개수는 4개이다.
④ 완제품을 만들고 난 후 다리의 재고 수량은 50개이다.

34 ②

을은 뒷면을 가공한 이후 갑의 앞면 가공이 끝날 때까지 5분을 기다려야 한다.
뒷면 가공 15분 → 5분 기다림 → 앞면 가공 20분 → 조립 5분
총 45분이 걸리고, 유휴 시간은 기다린 시간인 5분이 된다.

35 ④

완성품 납품 개수는 $30 + 20 + 30 + 20$으로 총 100개이다.
완성품 1개당 부품 A는 10개가 필요하므로 총 1,000개가 필요하고, B는 300개, C는 500개가 필요하다.
이때 각 부품의 재고 수량에서 부품 A는 500개를 가지고 있으므로 필요한 1,000개에서 가지고 있는 500개를 빼면 500개의 부품을 주문해야 한다.
부품 B는 120개를 가지고 있으므로 필요한 300개에서 가지고 있는 120개를 빼면 180개를 주문해야 하며, 부품 C는 250개를 가지고 있으므로 필요한 500개에서 가지고 있는 250개를 빼면 250개를 주문해야 한다.

36 ③

재고 수량에 따라 완성품을 A 부품으로는 $100 \div 2 = 50$개, B 부품으로는 $300 \div 3 = 100$개, C 부품으로는 $2,000 \div 20 = 100$개, D 부품으로는 $150 \div 1 = 150$개까지 만들 수 있다.
완성품은 A, B, C, D가 모두 조립되어야 하므로 50개만 만들 수 있다.
완성품 1개당 소요 비용은 완성품 1개당 소요량과 단가의 곱으로 구하면 되므로 A 부품 $2 \times 50 = 100$원, B 부품 $3 \times 100 = 300$원, C 부품 $20 \times 10 = 200$원, D 부품 $1 \times 400 = 400$원이다.
이를 모두 합하면 $100 + 300 + 200 + 400 = 1,000$원이 된다.

37 ②

판매 가격은 매입 가격 + 매입 제비용 + 영업비 + 이익으로 구성되어 있으며, 이중 이폭은 영업비 + 이익이 된다.
A 마트와 같이 마진(영업비 + 이익)이 없이 판매를 할 경우, 영업비와 이익을 포함하지 않고 판매하게 되는 것이므로 원가는 32,000원이 된다.
㉠ A 마트의 판매 가격에는 영업비가 포함되어 있지 않다.
㉡ B 마트의 판매 가격의 이폭은 개당 2,000원이다.
㉢ A 마트와 B 마트의 매입 원가는 개당 32,000원이다.

38 ③

각 도시별 자동차 대수를 구해보면 자동차 대수의 단위가 1,000명이므로 10을 곱하여 만 명당 대수로 변환하게 계산을 하면 된다.
A : $100 \times 2,000 = 200,000$
B : $70 \times 1,500 = 105,000$
C : $50 \times 4,500 = 225,000$
D : $40 \times 3,000 = 120,000$

39 ④

① 2010년과 2012년 사이에는 증가하였다.

② 30대 이하는 감소→증가→감소를 나타내고, 40대는 증가→증가→감소를 나타내므로 두 연령층의 증감추이는 동일하지 않다.

③ 30대 이하와 50대의 연령별 저축률은 감소→증가→감소의 동일한 변화를 보이고 있다.

④ 60대와 70대 이상의 저축률은 모두 증가→감소→감소의 동일한 변화를 보이고 있다.

40 ③

㉠ 중국은 미국보다 1인당 취수량이 적다.

㉡ 미국은 인도보다 농업용도 취수 비중이 낮지만 1인당 취수량이 매우 많기 때문에 1인당 농업용수의 취수량이 많다.

㉢ 오스트레일리아는 브라질보다 물 자원량에서 차지하는 취수량의 비중이 높다.

브라질 : $\dfrac{59}{8,243} = 0.00715$

오스트레일리아 : $\dfrac{24}{492} = 0.04878$

㉣ 물 자원량이 많은 국가라고 해서 1인당 물 자원량이 많지는 않다.

41 ①

금요일에는 제육덮밥이 편성된다. 목요일에는 오므라이스를 편성할 수 없고, 다섯 번째 조건에 의해 나물 비빔밥도 편성할 수 없다. 따라서 목요일에는 돈가스 정식 또는 크림 파스타가 편성되어야 한다. 마지막 조건과 두 번째 조건에 의해 돈가스 정식은 월요일, 목요일에도 편성할 수 없으므로 돈가스 정식은 화요일에 편성된다. 따라서 목요일에는 크림 파스타, 월요일에는 나물 비빔밥이 편성된다.

42 ①

'놀이기구를 좋아함→대범함→겁이 없음'이 성립하므로 A는 옳은 내용이나, B는 알 수 없는 내용이므로 A만 옳다.

43 ①

주식, 채권은 직접 금융 시장에서 자금을 조달하며, 주식은 수익성이 높으며, 저축과 채권은 주식보다는 안정성이 높다.

44 ④

㉠ 정기 예금은 저축성 예금에 해당한다.

㉢ A는 단리, B는 복리가 적용된 정기 예금 상품이다.

45 ③

바둑돌은 1, 3, 5, 7, … 19처럼 2만큼의 차이로 단계별로 'ㄱ'자 모양으로 배치되고, 홀수 단계에는 검정색으로, 짝수 단계에는 흰색으로 나타난다.

46 ②

기업의 자금 조달 중 보통주 발행은 자기 자본으로 형성되며 주식에 투자한 주주는 경영 참가권을 갖게 된다. 채권 발행은 타인 자본이며, 기업은 이자 부담과 원금 상환 의무를 가지게 된다.

47 ②

㉠ 보안 프로그램을 최신으로 유지해야 피싱사이트 및 파밍 사기 기법의 악성 코드 설치를 예방할 수 있다.

㉢ 은행에서 제공하는 전자 금융 사기 예방 서비스를 이용하면 피싱 및 파밍을 예방할 수 있다.

48 ②

작품 밑에 참인 글귀를 적는 진수와 상민이 그렸다면, 진수일 경우 진수가 그리지 않았으므로 진수는 그림을 그린 것이 아니고 상민일 경우 문제의 조건에 맞으므로 상민이 그린 것이 된다.

49 ③

○ A가 선생님이면 C와 E는 거짓말을 하고 있으므로 학생이다.

○ A가 학생이면, E는 진실을 말하고 있으므로 선생님이고 C는 거짓말을 하고 있으므로 학생이다.

○ B가 선생님이면 D는 학생이고, B가 학생이면 D는 선생님이다.

위의 세 가지를 표로 나타내면 다음과 같다.

A	선생님	선생님	학생	학생
B	선생님	학생	선생님	학생
C	학생	학생	학생	학생
D	학생	선생님	학생	선생님
E	학생	학생	선생님	선생님

따라서 교장이 정확하게 알 수 있는 것은 C가 학생이라는 것과 선생님이 두 명이라는 것뿐이다.

50 ③

조건을 그림으로 도식화 해보면 다음과 같은 사실을 알 수 있다.

2층	부부 (나) : O형 ┬ (사) : O형 (다) : O형		
1층	(가) : A형, (라) : AB형, (마) : B형, (바) : AB형		

51 ②

② 2층에 사는 (나), (사), (다)를 제외한 (가), (라), (마), (바)가 1층에 산다.

52 ③

주어진 조건을 정리해 보면 마지막 줄에는 봉선, 문성, 승일이가 앉게 되며 중간 줄에는 동현이와 승만이가 앉게 된다. 그러나 동현이가 승만이 바로 옆자리이며, 또한 빈자리가 바로 옆이라고 했으므로 승만이는 빈자리 옆에 앉지 못한다. 첫 줄에는 강훈이와 연정이가 앉게 되고 빈자리가 하나 있다. 따라서 연정이는 빈자리 옆에 배정 받을 수 있다.

53 ④

집중적 사고가 아니라 분석적 사고가 요구된다. 전체를 각각의 요소로 나누어 그 요소의 의미를 도출한 다음 우선순위를 부여하고 구체적인 문제해결방법을 실행하는 것이 요구된다.

54 ②

노래를 잘 부르는 사람은 그림을 잘 그린다(ⓑ의 대우). 그림을 잘 그리는 사람은 상상력이 풍부하다(ⓐ).

∴ 노래를 잘 부르는 사람은 상상력이 풍부하다.

55 ④

'안정적 자금 공급'이 자사의 강점이기 때문에 '안정적인 자금 확보를 위한 자본구조 개선'은 향후 해결해야 할 과제에 속하지 않는다.

56 ①

① 김씨 : $(14 \times 5) - (6 \times 3) + (7 \times 10) - (3 \times 5) = 107$

② 이씨 : $(10 \times 5) - (10 \times 3) + (9 \times 10) - (1 \times 5) = 105$

③ 정씨 : $(18 \times 5) - (2 \times 3) + (4 \times 10) - (6 \times 5) = 94$
(승진 대상에서 탈락)

57 ③

주어진 조건에 따라 나열해 보면 '영미 > 철기 > 해영 > 준영 > 정주 > 민지 > 가영' 순이다. 따라서 5등을 한 사람은 정주이다.

58 ①

B와 C의 말은 모순이기 때문에 둘 중에 하나는 거짓이다. B가 참이라고 할 경우, A의 진술은 참이지만, C, D, E의 진술은 거짓이 되므로 조건에 부합하지 않는다. 따라서 B의 말은 거짓이며, A도 거짓이다. C, D, E의 진술이 참이며 이를 바탕으로 추리해 보면 쓰레기를 무단투기한 사람은 C이다.

59 ②

수미의 소비상황을 봤을 때 A신용카드 혜택이 없으며, B신용카드는 1만원 청구할인, C신용카드는 1만원 포인트 적립, D신용카드는 1만원 문화상품권을 증정한다. 액수가 동일한 경우 할인혜택, 포인트 적립, 문화상품권 지급 순으로 유리하다고 했으므로 수미는 B신용카드를 선택한다.

60 ②

ⓐ : 태풍경보 표를 보면 알 수 있다. 비가 270mm이고 풍속 26m/s에 해당하는 경우는 태풍경보 2급이다.

ⓑ : 6시간 강우량이 130mm 이상 예상되므로 호우경보에 해당하며 산지의 경우 순간풍속 28m/s 이상이 예상되므로 강풍주의보에 해당한다.

✏ **직무시험(노인장기요양보험법)**

61 ④

재가급여 또는 시설급여를 제공하는 장기요양기관을 운영하려는 자는 보건복지부령으로 정하는 장기요양에 필요한 시설 및 인력을 갖추어 소재지를 관할 구역으로 하는 특별자치시장·특별자치도지사·시장·군수·구청장으로부터 지정을 받아야 한다〈제31조 제1항〉.

62 ③

결격사유〈제32조의2〉… 다음의 어느 하나에 해당하는 자는 장기요양기관으로 지정받을 수 없다.

1. 미성년자, 피성년후견인 또는 피한정후견인
2. 「정신건강증진 및 정신질환자 복지서비스 지원에 관한 법률」의 정신질환자. 다만, 전문의가 장기요양기관 설립·운영 업무에 종사하는 것이 적합하다고 인정하는 사람은 그러하지 아니하다.
3. 「마약류 관리에 관한 법률」의 마약류에 중독된 사람
4. 파산선고를 받고 복권되지 아니한 사람
5. 금고 이상의 실형을 선고받고 그 집행이 종료(집행이 종료된 것으로 보는 경우를 포함한다)되거나 집행이 면제된 날부터 5년이 경과되지 아니한 사람
6. 금고 이상의 형의 집행유예를 선고받고 그 유예기간 중에 있는 사람
7. 대표자가 제1호부터 제6호까지의 규정 중 어느 하나에 해당하는 법인

63 ④

장기요양기관은 수급자가 장기요양급여를 쉽게 선택하도록 하고 장기요양기관이 제공하는 급여의 질을 보장하기 위하여 장기요양기관별 급여의 내용, 시설·인력 등 현황자료 등을 공단이 운영하는 인터넷 홈페이지에 게시하여야 한다〈제34조 제1항〉.

64 ③

시정명령〈제36조의2〉… 특별자치시장·특별자치도지사·시장·군수·구청장은 장기요양기관 재무·회계 기준을 위반한 장기요양기관에 대하여 6개월 이내의 범위에서 일정한 기간을 정하여 시정을 명할 수 있다.

65 ③

특별자치시장·특별자치도지사·시장·군수·구청장은 장기요양기관 지정의 취소 등 규정의 어느 하나(거짓이나 그 밖의 부정한 방법으로 재가 및 시설 급여 비용을 청구한 경우는 제외)에 해당하는 행위를 이유로 업무정지명령을 하여야 하는 경우로서 그 업무정지가 해당 장기요양기관을 이용하는 수급자에게 심한 불편을 줄 우려가 있는 등 보건복지부장관이 정하는 특별한 사유가 있다고 인정되는 경우에는 업무정지명령을 갈음하여 2억 원 이하의 과징금을 부과할 수 있다〈제37조의2 제1항〉.

66 ③

행정제재처분 효과의 승계〈제37조의4 제1항〉… 장기요양기관 지정의 취소 등 규정의 어느 하나에 해당하는 행위를 이유로 한 행정제재처분의 효과는 그 처분을 한 날부터 3년간 다음의 어느 하나에 해당하는 자에게 승계된다.

1. 장기요양기관을 양도한 경우 양수인
2. 법인이 합병된 경우 합병으로 신설되거나 합병 후 존속하는 법인
3. 장기요양기관 폐업 후 같은 장소에서 장기요양기관을 운영하는 자 중 종전에 행정제재처분을 받은 자(법인인 경우 그 대표자를 포함한다)나 그 배우자 또는 직계혈족

67 ②

위원장은 보건복지부차관이 되고, 부위원장은 위원 중에서 위원장이 지명한다〈제46조 제3항〉.

68 ③

③ 장기요양요원지원센터의 업무에 해당한다.

※ 관리운영기관(공단)의 업무〈제48조 제2항〉… 공단은 다음의 업무를 관장한다.

1. 장기요양보험가입자 및 그 피부양자와 의료급여 수급권자의 자격관리
2. 장기요양보험료의 부과·징수
3. 신청인에 대한 조사
4. 등급판정위원회의 운영 및 장기요양등급 판정
5. 장기요양인정서의 작성 및 개인별장기요양이용 계획서의 제공
6. 장기요양급여의 관리 및 평가
7. 수급자 및 그 가족에 대한 정보제공·안내·상담 등 장기요양급여 관련 이용지원에 관한 사항
8. 재가 및 시설 급여비용의 심사 및 지급과 특별 현금급여의 지급
9. 장기요양급여 제공내용 확인
10. 장기요양사업에 관한 조사·연구 및 홍보
11. 노인성질환예방사업
12. 이 법에 따른 부당이득금의 부과·징수 등
13. 장기요양급여의 제공기준을 개발하고 장기요양 급여비용의 적정성을 검토하기 위한 장기요양 기관의 설치 및 운영
14. 그 밖에 장기요양사업과 관련하여 보건복지부 장관이 위탁한 업무

69 ②

다음의 어느 하나에 해당하는 자는 2년 이하의 징역 또는 2천만 원 이하의 벌금에 처한다〈제67조 제2항〉.

1. 지정받지 아니하고 장기요양기관을 운영하거나 거짓이나 그 밖의 부정한 방법으로 지정받은 자
2. 삭제
3. 본인부담금을 면제 또는 감경하는 행위를 한 자
4. 수급자를 소개, 알선 또는 유인하는 행위를 하거나 이를 조장한 자
5. 업무수행 중 알게 된 비밀을 누설한 자

70 ④

과태료〈제69조 제1항〉… 정당한 사유 없이 다음의 어느 하나에 해당하는 자에게는 500만 원 이하의 과태료를 부과한다.

1. 삭제
2. 변경지정을 받지 아니하거나 변경신고를 하지 아니한 자 또는 거짓이나 그 밖의 부정한 방법으로 변경지정을 받거나 변경신고를 한 자
2의2. 장기요양기관에 관한 정보를 게시하지 아니하거나 거짓으로 게시한 자
2의3. 수급자에게 장기요양급여비용에 대한 명세서를 교부하지 아니하거나 거짓으로 교부한 자
3. 장기요양급여 제공 자료를 기록·관리하지 아니하거나 거짓으로 작성한 사람
3의2. 장기요양요원의 보호규정의 어느 하나를 위반한 자
4. 폐업·휴업 신고 또는 자료이관을 하지 아니하거나 거짓이나 그 밖의 부정한 방법으로 신고한 자
4의2. 행정제재처분을 받았거나 그 절차가 진행 중인 사실을 양수인 등에게 지체 없이 알리지 아니한 자
5. 삭제
6. 거짓이나 그 밖의 부정한 방법으로 수급자에게 장기요양급여비용을 부담하게 한 자
7. 보고 또는 자료제출 요구·명령에 따르지 아니하거나 거짓으로 보고 또는 자료제출을 한 자나 질문 또는 검사를 거부·방해 또는 기피하거나 거짓으로 답변한 자
8. 거짓이나 그 밖의 부정한 방법으로 장기요양급여비용 청구에 가담한 사람
9. 노인장기요양보험 또는 이와 유사한 용어를 사용한 자

71 ②

국가 및 지방자치단체의 책무 등〈제4조〉

① 국가 및 지방자치단체는 노인이 일상생활을 혼자서 수행할 수 있는 온전한 심신상태를 유지하는데 필요한 사업(이하 "노인성질환예방사업"이라 한다)을 실시하여야 한다.

② 국가는 노인성질환예방사업을 수행하는 지방자치단체 또는 「국민건강보험법」에 따른 국민건강보험 공단(이하 "공단"이라 한다)에 대하여 이에 소요되는 비용을 지원할 수 있다.

③ 국가 및 지방자치단체는 노인인구 및 지역특성 등을 고려하여 장기요양급여가 원활하게 제공될 수 있도록 적정한 수의 장기요양기관을 확충하고 장기요양기관의 설립을 지원하여야 한다.

④ 국가 및 지방자치단체는 장기요양급여가 원활히 제공될 수 있도록 공단에 필요한 행정적 또는 재정적 지원을 할 수 있다.

⑤ 국가 및 지방자치단체는 장기요양요원의 처우를 개선하고 복지를 증진하며 지위를 향상시키기 위하여 적극적으로 노력하여야 한다.

⑥ 국가 및 지방자치단체는 지역의 특성에 맞는 장기요양사업의 표준을 개발·보급할 수 있다.

72 ③

실태조사〈제6조의2〉

① 보건복지부장관은 장기요양사업의 실태를 파악하기 위하여 3년마다 다음의 사항에 관한 조사를 정기적으로 실시하고 그 결과를 공표하여야 한다.

1. 장기요양인정에 관한 사항
2. 장기요양등급판정위원회(이하 "등급판정위원회"라 한다)의 판정에 따라 장기요양급여를 받을 사람(이하 "수급자"라 한다)의 규모, 그 급여의 수준 및 만족도에 관한 사항
3. 장기요양기관에 관한 사항
4. 장기요양요원의 근로조건, 처우 및 규모에 관한 사항
5. 그 밖에 장기요양사업에 관한 사항으로서 보건복지부령으로 정하는 사항

② 실태조사의 방법과 내용 등에 필요한 사항은 보건복지부령으로 정한다.

73 ③

장기요양인정의 신청〈제13조〉

① 장기요양인정을 신청하는 자(이하 "신청인"이라 한다)는 공단에 보건복지부령으로 정하는 바에 따라 장기요양인정신청서(이하 "신청서"라 한다)에 의사 또는 한의사가 발급하는 소견서(이하 "의사소견서"라 한다)를 첨부하여 제출하여야 한다. 다만, 의사소견서는 공단이 등급판정위원회에 자료를 제출하기 전까지 제출할 수 있다.

② 거동이 현저하게 불편하거나 도서·벽지 지역에 거주하여 의료기관을 방문하기 어려운 자 등 대통령령으로 정하는 자는 의사소견서를 제출하지 아니할 수 있다.

③ 의사소견서의 발급비용·비용부담방법·발급자의 범위, 그 밖에 필요한 사항은 보건복지부령으로 정한다.

74 ②

등급판정위원회는 신청인이 신청서를 제출한 날부터 30일 이내에 장기요양등급판정을 완료하여야 한다. 다만, 신청인에 대한 정밀조사가 필요한 경우 등 기간 이내에 등급판정을 완료할 수 없는 부득이한 사유가 있는 경우 30일 이내의 범위에서 이를 연장할 수 있다〈제16조 제1항〉.

75 ③

장기요양인정의 갱신〈제20조〉

① 수급자는 장기요양인정의 유효기간이 만료된 후 장기요양급여를 계속하여 받고자 하는 경우 공단에 장기요양인정의 갱신을 신청하여야 한다.

② 장기요양인정의 갱신 신청은 유효기간이 만료되기 전 30일까지 이를 완료하여야 한다.

76 ④

가족요양비의 지급절차와 그 밖에 필요한 사항, 장기요양급여가 인정되는 기관 또는 시설의 범위, 특례요양비의 지급절차, 그 밖에 필요한 사항, 요양병원간병비의 지급절차와 그 밖에 필요한 사항은 보건복지부령으로 정한다.

77 ④

다음의 어느 하나에 해당하는 자는 장기요양기관으로 지정받을 수 없다〈제37조 제8항〉.

1. 지정취소를 받은 후 3년이 지나지 아니한 자(법인인 경우 그 대표자를 포함한다)
2. 업무정지명령을 받고 업무정지기간이 지나지 아니한 자(법인인 경우 그 대표자를 포함한다)

78 ②

장기요양급여 제공의 기본원칙〈제3조〉

① 장기요양급여는 노인등이 자신의 의사와 능력에 따라 최대한 자립적으로 일상생활을 수행할 수 있도록 제공하여야 한다.

② 장기요양급여는 노인등의 심신상태·생활환경과 노인등 및 그 가족의 욕구·선택을 종합적으로 고려하여 필요한 범위 안에서 이를 적정하게 제공하여야 한다.

③ 장기요양급여는 노인등이 가족과 함께 생활하면서 가정에서 장기요양을 받는 재가급여를 우선적으로 제공하여야 한다.

④ 장기요양급여는 노인등의 심신상태나 건강 등이 악화되지 아니하도록 의료서비스와 연계하여 이를 제공하여야 한다.

79 ②

부당이득의 징수〈제43조〉

① 공단은 장기요양급여를 받은 자 또는 장기요양급여비용을 받은 자가 다음의 어느 하나에 해당하는 경우 그 장기요양급여 또는 장기요양급여비용에 상당하는 금액을 징수한다.

　1. 등급판정 결과 의심되는 행위의 어느 하나에 해당하는 것으로 확인된 경우

　2. 월 한도액 범위를 초과하여 장기요양급여를 받은 경우

　3. 장기요양급여의 제한 등을 받을 자가 장기요양급여를 받은 경우

　4. 거짓이나 그 밖의 부정한 방법으로 재가 및 시설 급여비용을 청구하여 이를 지급받은 경우

　5. 그 밖에 이 법상의 원인 없이 공단으로부터 장기요양급여를 받거나 장기요양급여비용을 지급받은 경우

② 공단은 거짓 보고 또는 증명에 의하거나 거짓 진단에 따라 장기요양급여가 제공된 때 거짓의 행위에 관여한 자에 대하여 장기요양급여를 받은 자와 연대하여 징수금을 납부하게 할 수 있다.

③ 공단은 거짓이나 그 밖의 부정한 방법으로 장기요양급여를 받은 자와 같은 세대에 속한 자(장기요양급여를 받은 자를 부양하고 있거나 다른 법령에 따라 장기요양급여를 받은 자를 부양할 의무가 있는 자를 말한다)에 대하여 거짓이나 그 밖의 부정한 방법으로 장기요양급여를 받은 자와 연대하여 징수금을 납부하게 할 수 있다.

④ 공단은 장기요양기관이 수급자로부터 거짓이나 그 밖의 부정한 방법으로 장기요양급여비용을 받은 때 해당 장기요양기관으로부터 이를 징수하여 수급자에게 지체 없이 지급하여야 한다. 이 경우 공단은 수급자에게 지급하여야 하는 금액을 그 수급자가 납부하여야 하는 장기요양보험료등과 상계할 수 있다.

80 ③

장기요양인정서를 작성할 경우 고려사항〈제18조〉 … 공단은 장기요양인정서를 작성할 경우 장기요양급여의 종류 및 내용을 정하는 때 다음의 사항을 고려하여 정하여야 한다.

1. 수급자의 장기요양등급 및 생활환경

2. 수급자와 그 가족의 욕구 및 선택

3. 시설급여를 제공하는 경우 장기요양기관이 운영하는 시설 현황